Impressum
Verlag: BABADADA GmbH, Nedderfeld 112 , 22529 Hamburg
Geschäftsführer / Verlagsleitung: Harald Hof
Druck: Books on Demand GmbH, In de Tarpen 42, 22848 Norderstedt

Imprint
Publisher: BABADADA GmbH, Nedderfeld 112 , 22529 Hamburg, Germany
Managing Director / Publishing direction: Harald Hof
Print: Books on Demand GmbH, In de Tarpen 42, 22848 Norderstedt, Germany

ділити
dividieren

186/2

дошка
Tafel

класна кімната
Klassenzimmer

шкільний двір
Schulhof

вчитель
Lehrer

папір
Papier

писати
schreiben

ручка
Stift

письмовий стіл
Schreibtisch

лінійка
Lineal

книга
Buch

учень
Schüler

ранець

Schultasche

пенал

Federmappe

олівець

Bleistift

точило

Bleistiftspitzer

гумка

Radierer

альбом для малювання

Zeichenblock

малюнок

Zeichnung

пензель

Pinsel

коробка фарб

Malkasten

ножиці

Schere

клей

Klebstoff

зошит

Übungsheft

домашнє завдання

Hausübung

число

Zahl

додавати

addieren

віднімати

subtrahieren

множити

multiplizieren

рахувати

rechnen

літера

Buchstabe

абетка

Alphabet

слово

Wort

текст

Text

читати

lesen

крейда

Kreide

година

Unterrichtsstunde

класний журнал

Klassenbuch

екзамен

Prüfung

диплом

Zeugnis

шкільна форма

Schuluniform

освіта

Ausbildung

лексикон

Lexikon

університет

Universität

мікроскоп

Mikroskop

карта

Karte

кошик для паперу

Papierkorb

готель
Hotel

турбаза
Herberge

обмінний пункт
Wechselstube

валіза
Koffer

автомобіль
Auto

мова

Sprache

так / ні

ja / nein

добре

Okay

привіт

Hallo

перекладач

Dolmetscherin

дякую

Danke

Скільки коштує ...?

Wie viel kostet ...?

Я не розумію

Ich verstehe nicht.

проблема

Problem

Добрий вечір!

Guten Abend!

Доброго ранку!

Guten Morgen!

На добраніч!

Gute Nacht!

До побачення

Auf Wiederschaun!

напрямок

Richtung

багаж

Gepäck

сумка

Tasche

рюкзак

Rucksack

гість

Gast

кімната

Zimmer

спальний мішок

Schlafsack

намет

Zelt

туристична інформація

Touristeninformation

пляж

Strand

кредитна картка

Kreditkarte

сніданок

Frühstück

обід

Mittagessen

вечеря

Abendessen

квиток

Fahrkarte

ліфт

Lift

поштова марка

Briefmarke

межа

Grenze

митниця

Zoll

посольство

Botschaft

віза

Visum

паспорт

Pass

літак
Flugzeug

корабель
Schiff

пожежна машина
Feuerwehrauto

автобус
Bus

вантажний автомобіль
Lastwagen

моторний човен
Motorboot

велосипед
Fahrrad

автомобіль
Auto

пором

Fähre

човен

Boot

мотоцикл

Motorrad

поліцейська машина

Polizeiauto

гоночний автомобіль

Rennauto

автомобіль на прокат

Mietwagen

спільне користування авто

Carsharing

евакуатор

Abschleppwagen

сміттєвоз

Müllwagen

двигун

Motor

паливо

Kraftstoff

автозаправна станція

Tankstelle

дорожній знак

Verkehrsschild

рух

Verkehr

затор

Stau

стоянка

Parkplatz

вокзал

Bahnhof

рейки

Schienen

потяг

Zug

трамвай

Straßenbahn

вагон

Wagon

гелікоптер

Hubschrauber

аеропорт

Flughafen

вежа

Tower

пасажир

Passagier

контейнер

Container

коробка

Karton

візок

Rollwagen

кошик

Korb

стартувати / приземлятися

starten / landen

місто

Stadt

село

Dorf

центр міста

Stadtzentrum

дім

Haus

кіно
Kino

реклама
Werbung

вуличний ліхтар
Straßenlaterne

CINEMA

вулиця
Straße

таксі
Taxi

кіоск
Kiosk

пішохід
Fußgänger

тротуар
Gehsteig

пішохідний перехід
Zebrastreifen

сміттєве відро
Mülltonne

перехрестя
Kreuzung

світлофор
Ampel

хатина

Hütte

квартира

Wohnung

вокзал

Bahnhof

ратуша

Rathaus

музей

Museum

школа

Schule

університет

Universität

банк

Bank

лікарня

Spital

готель

Hotel

аптека

Apotheke

офіс

Büro

книжковий магазин

Buchhandlung

магазин

Geschäft

квітковий магазин

Blumenladen

супермаркет

Supermarkt

ринок

Markt

універмаг

Kaufhaus

торговець рибою

Fischhändler

торговельний центр

Einkaufszentrum

гавань

Hafen

парк

Park

лава

Bank

міст

Brücke

сходи

Stiege

метро

U-Bahn

тунель

Tunnel

автобусна зупинка

Bushaltestelle

бар

Bar

ресторан

Restaurant

поштова скринька

Briefkasten

вулична табличка

Straßenschild

лічильник паркування

Parkuhr

зоопарк

Zoo

басейн

Badeanstalt

мечеть

Moschee

ферма
Bauernhof

забруднення навколишнього середовища
Umweltverschmutzung

кладовище
Friedhof

церква
Kirche

дитячий майданчик
Spielplatz

храм
Tempel

ландшафт
Landschaft

листок
Blatt

вказівний стовп
Wegweiser

шлях
Weg

луг
Wiese

камінь
Stein

дерево
Baum

мандрівник
Wanderer

річка
Fluss

трава
Gras

квітка
Blume

долина

Tal

гора

Hügel

озеро

See

ліс

Wald

пустеля

Wüste

вулкан

Vulkan

замок

Schloss

веселка

Regenbogen

гриб

Pilz

пальма

Palme

комар

Moskito

муха

Fliege

мурашка

Ameise

бджола

Biene

павук

Spinne

жук

Käfer

жаба

Frosch

вивірка

Eichhörnchen

їжак

Igel

заєць

Hase

сова

Eule

птах

Vogel

лебідь

Schwan

кабан

Wildschwein

олень

Hirsch

лось

Elch

гребля

Staudamm

вітряк

Windrad

сонячний модуль

Solarmodul

клімат

Klima

офіціант
Kellner

меню
Speisekarte

стілець
Sessel

суп
Suppe

піца
Pizza

столові прилади
Besteck

скатертина
Tischdecke

закуска

Vorspeise

друга страва

Hauptgericht

десерт

Nachspeise

напої

Getränke

їжа

Essen

пляшка

Flasche

фаст-фуд

Fastfood

вулична їжа

Streetfood

чайник

Teekanne

цукорниця

Zuckerdose

порція

Portion

еспресо-машина

Espressomaschine

високий стільчик

Kinderstuhl

рахунок

Rechnung

піднос

Tablett

ніж

Messer

вилка

Gabel

ложка

Löffel

чайна ложка

Teelöffel

серветка

Serviette

склянка

Glas

тарілка

Teller

тарілка для супу

Suppenteller

блюдце

Untertasse

соус

Sauce

солонка

Salzstreuer

млин для перцю

Pfeffermühle

оцет

Essig

масло

Öl

спеції

Gewürze

кетчуп

Ketchup

гірчиця

Senf

майонез

Mayonnaise

пропозиція
Angebot

клієнт
Kunde

молочні продукти
Milchprodukte

фрукти
Obst

візок для покупок
Einkaufswagen

м'ясний магазин

Schlachterei

пекарня

Bäckerei

зважувати

wiegen

овочі

Gemüse

м'ясо

Fleisch

заморожені продукти

Tiefkühlkost

ковбасна нарізка

Aufschnitt

консерви

Konserven

пральний порошок

Waschmittel

солодощи

Süßigkeiten

предмети домашнього побуту

Haushaltsartikel

мийний засіб

Reinigungsmittel

продавщиця

Verkäuferin

каса

Kassa

касир

Kassiererin

список покупок

Einkaufsliste

часи роботи

Öffnungszeiten

гаманець

Brieftasche

кредитна картка

Kreditkarte

сумка

Tasche

поліетиленовий пакет

Plastiktüte

вода

Wasser

сік

Saft

молоко

Milch

кола

Cola

вино

Wein

пиво

Bier

алкоголь

Alkohol

какао

Kakao

чай

Tee

кава

Kaffee

еспресо

Espresso

капучіно

Cappuccino

банан

Banane

яблуко

Apfel

апельсин

Orange

кавун

Melone

лимон

Zitrone

морква

Karotte

часник

Knoblauch

бамбук

Bambus

цибуля

Zwiebel

гриб

Pilz

горішки

Nüsse

локшина

Nudeln

спагеті

Spaghetti

рис

Reis

салат

Salat

картопля фрі

Pommes frites

смажена картопля

Bratkartoffeln

піца

Pizza

гамбургер

Hamburger

бутерброд

Sandwich

шніцель

Schnitzel

шинка

Schinken

салямі

Salami

ковбаса

Wurst

курка

Huhn

печеня

Braten

риба

Fisch

вівсяні пластівці

Haferflocken

мюслі

Müsli

кукурудзяні пластівці

Cornflakes

борошно

Mehl

круасан

Croissant

булочка

Semmel

хліб

Brot

тостовий хліб

Toast

печиво

Kekse

масло

Butter

сир

Topfen

пиріг

Kuchen

яйце

Ei

яєчня

Spiegelei

сир

Käse

морозиво

Eiscreme

цукор

Zucker

мед

Honig

мармелад

Marmelade

нуга-крем

Schokoladenaufstrich

карі

Curry

сільський будинок
Bauernhaus

комора
Scheune

солом'яні тюки
Strohballen

поле
Feld

кінь
Pferd

причіп
Anhänger

лоша
Fohlen

трактор
Traktor

віслюк
Esel

вівця
Schaf

ягня
Lamm

коза
Ziege

корова
Kuh

теля
Kalb

свиня
Schwein

порося
Ferkel

бик
Stier

гусак

Gans

качка

Ente

курча

Küken

курка

Huhn

півень

Hahn

щур

Ratte

кіт

Katze

миша

Maus

віл

Ochse

собака

Hund

собача будка

Hundehütte

садовий шланг

Gartenschlauch

лійка

Gießkanne

коса

Sense

плуг

Pflug

серп

Sichel

мотика

Hacke

вила

Mistgabel

сокира

Axt

тачка

Schubkarre

корито

Trog

бідон молока

Milchkanne

мішок

Sack

паркан

Zaun

хлів

Stall

теплиця

Treibhaus

ґрунт

Boden

насіння

Saat

добриво

Dünger

комбайн

Mähdrescher

пожинати

ernten

урожай

Ernte

корінь ямсу

Yamswurzel

пшениця

Weizen

соя

Soja

картопля

Erdapfel

кукурудза

Mais

ріпак

Raps

плодове дерево

Obstbaum

маніок

Maniok

злаки

Getreide

димохід
Schornstein

дах
Dach

водостічний лоток
Regenrinne

вікно
Fenster

гараж
Garage

дзвінок
Klingel

двері
Tür

відро для сміття
Abfallkübel

поштова скринька
Briefkasten

сад
Garten

вітальня

Wohnzimmer

ванна кімната

Badezimmer

кухня

Küche

спальня

Schlafzimmer

дитяча кімната

Kinderzimmer

їдальня

Esszimmer

підлога

Boden

стіна

Wand

стеля

Decke

підвал

Keller

сауна

Sauna

балкон

Balkon

тераса

Terrasse

басейн

Schwimmbad

косарка

Rasenmäher

простирало

Bettbezug

ковдра

Bettdecke

ліжко

Bett

мітла

Besen

відро

Kübel

перемикач

Schalter

шпалери
Tapete

малюнок
Bild

лампа
Lampe

поличка
Regal

шафа
Schrank

камін
Kamin

телевізор
Fernseher

квітка
Blume

подушка
Polster

диван
Sofa

ваза
Vase

пульт
Fernbedienung

килим

Teppich

завіса

Vorhang

стіл

Tisch

стілець

Sessel

крісло-гойдалка

Schaukelstuhl

крісло

Sessel

книга

Buch

ковдра

Decke

прикраса

Dekoration

дрова

Feuerholz

фільм

Film

стереосистема

Stereoanlage

ключ

Schlüssel

газета

Zeitung

картина

Gemälde

плакат

Poster

радіо

Radio

блокнот

Notizblock

пилосос

Staubsauger

кактус

Kaktus

свічка

Kerze

холодильник
Kühlschrank

мікрохвильова піч
Mikrowelle

кухонні ваги
Küchenwaage

мийний засіб
Reinigungsmittel

тостер
Toaster

піч
Backofen

морозильне відділення
Gefrierfach

відро для сміття
Abfallkübel

посудомийна машина
Geschirrspüler

плита

Herd

горщик

Topf

чавунний горщик

Eisentopf

вок / кадай

Wok / Kadai

сковорода

Pfanne

чайник

Wasserkocher

пароварка

Dampfgarer

лист

Backblech

посуд

Geschirr

кухоль

Becher

чаша

Schale

палички для їжі

Essstäbchen

черпак

Schöpflöffel

лопатка

Pfannenwender

вінчик для збивання

Schneebesen

сито

Kochsieb

сито

Sieb

терка

Reibe

ступка

Mörser

барбекю

Grill

багаття

Kaminfeuer

дошка

Schneidebrett

качалка

Nudelholz

штопор

Korkenzieher

конзерва

Dose

відкривачка

Dosenöffner

прихватки

Topflappen

раковина

Waschbecken

щітка

Bürste

губка

Schwamm

міксер

Mixer

морозильна камера

Gefriertruhe

дитяча пляшка

Babyflasche

кран

Wasserhahn

опалення
Heizung

душ
Dusche

рушник
Handtuch

душова завіса
Duschvorhang

піниста ванна
Schaumbad

ванна
Badewanne

склянка
Glas

пральна машина
Waschmaschine

кран
Wasserhahn

плитка
Fliesen

горшок
Nachttopf

раковина
Waschbecken

туалет
Klo

підлоговий туалет
Hocktoilette

біде
Bidet

пісуар
Pissoir

туалетний папір
Klopapier

щітка для туалету
Klobürste

зубна щітка

Zahnbürste

зубна паста

Zahnpasta

нитка для чищення зубів

Zahnseide

мити

waschen

ручний душ

Handbrause

інтимний душ

Intimdusche

таз

Waschschüssel

щітка для спини

Rückenbürste

мило

Seife

гель для душу

Duschgel

шампунь

Shampoo

мочалка

Waschlappen

водостік

Abfluss

крем

Creme

дезодорант

Deodorant

дзеркало

Spiegel

косметичне дзеркало

Kosmetikspiegel

бритва

Rasierer

піна для гоління

Rasierschaum

лосьйон після гоління

Rasierwasser

гребінь

Kamm

щітка

Bürste

фен

Föhn

лак для волосся

Haarspray

косметика

Makeup

губна помада

Lippenstift

лак для нігтів

Nagellack

вата

Watte

ножиці для нігтів

Nagelschere

парфум

Parfum

косметичка
Kulturbeutel

табурет
Hocker

ваги
Waage

халат
Bademantel

гумові рукавички
Gummihandschuhe

тампон
Tampon

гігієнічні прокладки
Damenbinde

біотуалет
Chemietoilette

дитяча кімната
Kinderzimmer

будильник
Wecker

м'яка іграшка
Kuscheltier

іграшковий автомобіль
Spielzeugauto

брязкальце
Rassel

ляльковий будиночок
Puppenhaus

подарунок
Geschenk

повітряна кулька
Ballon

ліжко
Bett

дитячий візок
Kinderwagen

картярська гра
Kartenspiel

пазл
Puzzle

комікс
Comic

лего цеглинки

Legosteine

блоки

Bausteine

іграшкова фігурка

Actionfigur

повзунки

Strampelanzug

фризбі

Frisbee

мобіле

Mobile

настільна гра

Brettspiel

кубик

Würfel

модель залізнична станція

Modelleisenbahn

соска

Schnuller

вечірка

Party

книжка з картинками

Bilderbuch

м'яч

Ball

лялька

Puppe

грати

spielen

пісочниця
Sandkasten

гойдалка
Schaukel

іграшка
Spielzeug

гральна консоль
Spielkonsole

триколісний велосипед
Dreirad

плюшевий мішка
Teddy

шафа
Kleiderschrank

одяг
Kleidung

шкарпетки
Socken

панчохи
Strümpfe

колготки
Strumpfhose

шарф
Schal

ремінь
Gürtel

парасоля
Regenschirm

футболка
T-Shirt

чоботи
Stiefel

домашнє взуття
Hausschuhe

кросівки
Turnschuhe

сандалі

Sandalen

взуття

Schuhe

гумові чоботи

Gummistiefel

труси

Unterhose

бюстгальтер

Büstenhalter

нижня сорочка

Unterhemd

боді

Body

штани

Hose

джинси

Jeans

спідниця

Rock

блузка

Bluse

сорочка

Hemd

пуловер

Pullover

светр

Kapuzenpullover

піджак

Blazer

куртка

Jacke

пальто

Mantel

дощовик

Regenmantel

костюм

Kostüm

сукня

Kleid

весільна сукня

Hochzeitskleid

костюм

Anzug

нічна сорочка

Nachthemd

піжама

Pyjama

capi

Sari

головна хустка

Kopftuch

чалма

Turban

бурка

Burka

кафтан

Kaftan

абая

Abaya

купальник

Badeanzug

плавки

Badehose

шорти

kurze Hose

тренувальний костюм

Jogginganzug

фартух

Schürze

рукавички

Handschuhe

гудзик

Knopf

окуляри

Brille

браслет

Armband

ланцюг

Halskette

кільце

Ring

сережка

Ohrring

шапка

Mütze

плічка

Kleiderbügel

капелюх

Hut

краватка

Krawatte

застібка-блискавка

Reißverschluss

шолом

Helm

підтяжки

Hosenträger

шкільна форма

Schuluniform

уніформа

Uniform

нагрудник

Lätzchen

соска

Schnuller

підгузок

Windel

сервер
Server

шаф для документів
Aktenschrank

принтер
Drucker

монітор
Monitor

папір
Papier

письмовий стіл
Schreibtisch

миша
Maus

папка
Ordner

синтезатор
Tastatur

кошик для паперу
Papierkorb

комп'ютер
Computer

стілець
Sessel

кавовий кухоль

Kaffeebecher

калькулятор

Taschenrechner

інтернет

Internet

ноутбук

Laptop

лист

Brief

повідомлення

Nachricht

мобільний телефон

Handy

мережа

Netzwerk

копіювальний пристрій

Kopierer

програмне забезпечення

Software

телефон

Telefon

розетка

Steckdose

факс

Fax

бланк

Formular

документ

Dokument

купувати

kaufen

платити

bezahlen

торгувати

handeln

гроші

Geld

долар

Dollar

євро

Euro

ієна

Yen

рубль

Rubel

франк

Franken

юанів женьміньбі

Renminbi Yuan

рупія

Rupie

банкомат

Bankomat

обмінний пункт

Wechselstube

золото

Gold

срібло

Silber

нафта

Öl

енергія

Energie

ціна

Preis

контракт

Vertrag

податок

Steuer

акція

Aktie

працювати

arbeiten

працівник

Angestellte

роботодавець

Arbeitgeber

фабрика

Fabrik

магазин

Geschäft

поліцейський
Polizist

пожежник
Feuerwehrmann

повар
Koch

лікар
Ärztin

пілот
Pilot

садівник
Gärtner

столяр
Tischler

швачка
Schneiderin

суддя
Richter

хімік
Chemikerin

актор
Schauspieler

водій автобуса

Busfahrer

таксист

Taxifahrer

рибалка

Fischer

прибиральниця

Putzfrau

покрівельник

Dachdecker

офіціант

Kellner

мисливець

Jäger

художник

Maler

пекар

Bäcker

електрик

Elektriker

будівельник

Bauarbeiter

інженер

Ingenieur

забійник

Schlachter

бляхар

Installateur

листоноша

Briefträgerin

солдат

Soldat

архітектор

Architekt

касир

Kassiererin

флорист

Blumenhändlerin

перукар

Friseur

кондуктор

Schaffner

механік

Mechaniker

капітан

Kapitän

дантист

Zahnärztin

вчений

Wissenschaftler

рабин

Rabbi

імам

Imam

монах

Mönch

пастор

Pfarrer

молоток
Hammer

щипці
Zange

викрутка
Schraubenzieher

гайковий ключ
Schraubenschlüssel

кишеньковий лі
Taschenlampe

екскаватор

Bagger

ящик для інструментів

Werkzeugkasten

драбина

Leiter

пилка

Säge

цвяхи

Nägel

свердло

Bohrer

ремонтувати

reparieren

лопата

Schaufel

лайно!

Scheiße!

совок

Kehrschaufel

відро з фарбою

Farbtopf

гвинти

Schrauben

музичні інструменти
Musikinstrumente

динамік
Lautsprecher

ударна установка
Schlagzeug

гітара
Gitarre

контрабас
Kontrabass

труба
Trompete

фортепіано

Klavier

скрипка

Violine

бас

Bass

литаври

Pauke

барабан

Trommeln

клавіатура

Tastatur

саксофон

Saxophon

флейта

Flöte

мікрофон

Mikrofon

вхід
Eingang

тигр
Tiger

клітка
Käfig

зебра
Zebra

корм
Tierfutter

панда
Panda

тварини

Tiere

слон

Elefant

кенгуру

Känguru

носоріг

Nashorn

горила

Gorilla

ведмідь

Bär

верблюд

Kamel

страус

Strauß

лев

Löwe

мавпа

Affe

фламінго

Flamingo

папуга

Papagei

білий ведмідь

Eisbär

пінгвін

Pinguin

акула

Hai

павич

Pfau

змія

Schlange

крокодил

Krokodil

працівник зоопарку

Zoowärter

тюлень

Robbe

ягуар

Jaguar

поні

Pony

леопард

Leopard

гіпопотам

Nilpferd

жираф

Giraffe

орел

Adler

кабан

Wildschwein

риба

Fisch

черепаха

Schildkröte

морж

Walross

лисиця

Fuchs

газель

Gazelle

американський футбол
American Football

їзда на велосипеді
Radfahren

теніс
Tennis

баскетбол
Basketball

плавання
Schwimmen

бокс
Boxen

хокей
Eishockey

футбол
Fußball

бадмінтон
Badminton

легка атлетика
Leichtathletik

гандбол
Handball

лижні перегони
Skifahren

поло
Polo

стрибати
springen

обіймати
umarmen

сміятися
lachen

йти
gehen

співати
singen

мріяти
träumen

молитися
beten

цілувати
küssen

писати

schreiben

малювати

zeichnen

показувати

zeigen

тиснути

drücken

давати

geben

брати

nehmen

мати

haben

робити

machen

бути

sein

стояти

stehen

бігати

laufen

тягнути

ziehen

кидати

werfen

падати

fallen

лежати

liegen

очікувати

warten

носити

tragen

сидіти

sitzen

одягати

anziehen

спати

schlafen

просипатися

aufwachen

дивитися

ansehen

плакати

weinen

гладити

streicheln

розчісувати

frisieren

розмовляти

reden

розуміти

verstehen

питати

fragen

слухати

hören

пити

trinken

їсти

essen

прибирати

zusammenräumen

любити

lieben

варити

kochen

їхати

fahren

літати

fliegen

йти під вітрилом

segeln

рахувати

rechnen

читати

lesen

вчитися

lernen

працювати

arbeiten

одружуватися

heiraten

шити

nähen

чистити зуби

Zähne putzen

убивати

töten

курити

rauchen

посилати

senden

бабуся
Großmutter

дідуся
Großvater

батько
Vater

мати
Mutter

немовля
Baby

донька
Tochter

син
Sohn

гість

Gast

тітка

Tante

дядько

Onkel

брат

Bruder

сестра

Schwester

чоло
Stirn

око
Auge

плече
Schulter

палець
Finger

обличчя
Gesicht

підборіддя
Kinn

кисть
Hand

груди
Brust

нога
Bein

рука
Arm

немовля

Baby

чоловік

Mann

жінка

Frau

дівчина

Mädchen

хлопчик

Junge

голова

Kopf

спина
Rücken

живіт
Bauch

пуп
Nabel

палець ноги
Zeh

п'ята
Ferse

кістка
Knochen

стегно
Hüfte

коліно
Knie

лікоть
Ellbogen

ніс
Nase

сідниці
Gesäß

шкіра
Haut

щока
Wange

вухо
Ohr

губа
Lippe

рот

Mund

зуб

Zahn

язик

Zunge

мозок

Gehirn

серце

Herz

м'яз

Muskel

легені

Lunge

печінка

Leber

шлунок

Magen

нирки

Nieren

статевий акт

Geschlechtsverkehr

презерватив

Kondom

яйцеклітина

Eizelle

сперма

Sperma

вагітність

Schwangerschaft

менструація

Menstruation

вагіна

Vagina

пеніс

Penis

брова

Augenbraue

волосся

Haar

шия

Hals

лікарня
Spital

машина швидкої допомоги
Rettung

інвалідний візок
Rollstuhl

перелом
Bruch

лікар

Ärztin

відділення швидкої
медичної допомоги

Notaufnahme

медсестра

Krankenschwester

аварійний випадок

Notfall

непритомний

ohnmächtig

біль

Schmerz

травма

Verletzung

кровотеча

Blutung

інфаркт

Herzinfarkt

інсульт

Schlaganfall

алергія

Allergie

кашель

Husten

лихоманка

Fieber

грип

Grippe

пронос

Durchfall

головна біль

Kopfschmerzen

рак

Krebs

діабет

Diabetes

хірург

Chirurg

скальпель

Skalpell

операція

Operation

КТ

CT

рентген

Röntgen

ультразвук

Ultraschall

маска

Maske

хвороба

Krankheit

зал очікування

Wartezimmer

милиця

Krücke

пластир

Pflaster

пов'язка

Verband

ін'єкція

Injektion

стетоскоп

Stethoskop

ноші

Trage

термометр

Thermometer

народження

Geburt

надмірна вага

Übergewicht

слуховий апарат

Hörgerät

дезінфікуючий засіб

Desinfektionsmittel

інфекція

Infektion

вірус

Virus

ВІЛ / СНІД

HIV / AIDS

медицина

Medizin

вакцинація

Impfung

таблетки

Tabletten

протизаплідна пігулка

Pille

екстрений виклик

Notruf

тонометр

Blutdruckmesser

хворий / здоровий

krank / gesund

Допоможіть!

Hilfe!

сигнал тривоги

Alarm

напад

Überfall

атака

Angriff

небезпека

Gefahr

аварійний вихід

Notausgang

Вогонь!

Feuer!

вогнегасник

Feuerlöscher

аварія

Unfall

аптечка

Erste-Hilfe-Koffer

СОС

SOS

поліція

Polizei

Європа

Europa

Північна Америка

Nordamerika

Південна Америка

Südamerika

Африка

Afrika

Азія

Asien

Австралія

Australien

Атлантика

Atlantik

Тихий океан

Pazifik

Індійський океан

Indische Ozean

Антарктичний океан

Antarktische Ozean

Північний Льодовитий
океан

Arktische Ozean

Північний полюс

Nordpol

Південний полюс

Südpol

Антарктика

Antarktis

Земля

Erde

суша

Land

море

Meer

острів

Insel

нація

Nation

держава

Staat

циферблат

Ziffernblatt

годинникова стрілка

Stundenzeiger

хвилинна стрілка

Minutenzeiger

секундна стрілка

Sekundenzeiger

Котра година?

Wie spät ist es?

день

Tag

час

Zeit

зараз

jetzt

цифровий годинник

Digitaluhr

хвилина

Minute

година

Stunde

Понеділок
Montag

Середа
Mittwoch

П'ятниця
Freitag

Вівторок
Dienstag

Субота
Samstag

Четвер
Donnerstag

Неділя
Sonntag

вчора

gestern

сьогодні

heute

завтра

morgen

ранок

Morgen

опівдні

Mittag

вечір

Abend

робочі дні

Arbeitstage

кінець робочого тижня

Wochenende

дощ
Regen

веселка
Regenbogen

вітер
Wind

сніг
Schnee

весна
Frühling

осінь
Herbst

літо
Sommer

зима
Winter

прогноз погоди

Wettervorhersage

термометр

Thermometer

сонячне світло

Sonnenschein

хмара

Wolke

туман

Nebel

вологість повітря

Luftfeuchtigkeit

блискавка

Blitz

грім

Donner

шторм

Sturm

град

Hagel

мусон

Monsun

повінь

Flut

лід

Eis

Січень

Jänner

Лютий

Februar

Березень

März

Квітень

April

Травень

Mai

Червень

Juni

Липень

Juli

Серпень

August

рік - Jahr

Вересень

September

Жовтень

Oktober

Листопад

November

Грудень

Dezember

форми
Formen

круг

Kreis

квадрат

Quadrat

прямокутник

Rechteck

трикутник

Dreieck

куля

Kugel

куб

Würfel

білий

weiß

жовтий

gelb

помаранчевий

orange

рожевий

pink

червоний

rot

фіолетовий

lila

синій

blau

зелений

grün

коричневий

braun

сірий

grau

чорний

schwarz

багато / мало

viel / wenig

лютий / мирний

wütend / friedlich

гарний / бридкий

hübsch / hässlich

початок / кінець

Anfang / Ende

великий / малий

groß / klein

світлий / темний

hell / dunkel

брат / сестра

Bruder / Schwester

чистий / брудний

sauber / schmutzig

завершений /
незавершений
vollständig / unvollständig

день / ніч

Tag / Nacht

мертвий / живий

tot / lebendig

широкий / вузький

breit / schmal

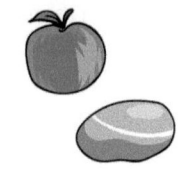

їстівний / неїстівний

genießbar / ungenießbar

злий / дружній

böse / freundlich

збуджений / нудьгуючий

aufgeregt / gelangweilt

товстий / тонкий

dick / dünn

спочатку / востаннє

zuerst / zuletzt

друг / ворог

Freund / Feind

повний / порожній

voll / leer

жорсткий / м'який

hart / weich

важкий / легкий

schwer / leicht

голод / спрага

Hunger / Durst

хворий / здоровий

krank / gesund

незаконний / законний

illegal / legal

розумний / дурний

gescheit / dumm

вліво / вправо

links / rechts

поруч / далеко

nah / fern

новий / використаний

neu / gebraucht

нічого / щось

nichts / etwas

старий / молодий

alt / jung

вкл / викл

an / aus

відкрито / закрито

offen / geschlossen

тихо / гучно

leise / laut

багатий / бідний

reich / arm

правильно / неправильно

richtig / falsch

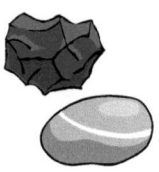

шорсткий / гладкий

rau / glatt

сумний / щасливий

traurig / glücklich

короткий / довгий

kurz / lang

повільно / швидко

langsam / schnell

вологий / сухий

nass / trocken

гарячий / холодний

warm / kühl

війна / мир

Krieg / Frieden

0

нуль

null

1

один

eins

2

два

zwei

3

три

drei

4

чотири

vier

5

п'ять

fünf

6

шість

sechs

7

сім

sieben

8

вісім

acht

9

дев'ять

neun

10

десять

zehn

11

одинадцять

elf

12
дванадцять
zwölf

13
тринадцять
dreizehn

14
чотирнадцять
vierzehn

15
п'ятнадцять
fünfzehn

16
шістнадцять
sechzehn

17
сімнадцять
siebzehn

18
вісімнадцять
achtzehn

19
дев'ятнадцять
neunzehn

20
двадцять
zwanzig

100
сто
hundert

1.000
тисяча
tausend

1.000.000
мільйон
Million

англійська

Englisch

американська англійська

Amerikanisches Englisch

китайська
високочиновницька

Chinesisch (Mandarin)

хінді

Hindi

іспанська

Spanisch

французька

Französisch

арабська

Arabisch

російська

Russisch

португальська

Portugiesisch

бенгальська

Bengalisch

німецька

Deutsch

японська

Japanisch

я
....
ich

ти
....
du

він / вона / воно
....
er / sie / es

ми
....
wir

ви
....
ihr

вони
....
sie

хто?
....
Wer?

що?
....
Was?

як?
....
Wie?

де?
....
Wo?

коли?
....
Wann?

ім'я
....
Name

ззаду

hinter

в

in

перед

vor

над

über

на

auf

під

unter

біля

neben

між

zwischen

місце

Ort